Le bourreau
de Jeanne d'Arc

# LE BOURREAU DE JEANNE D'ARC

Albert SARRAZIN

# Le Bourreau de Jeanne d'Arc

D'APRÈS DES DOCUMENTS INÉDITS

ROUEN

IMPRIMERIE CAGNIARD (Léon GY, Successeur)
Rue Jeanne-Darc, 88

1910

# I

## GEOFFROY THERAGE. — LA MAISON DU BOURREAU A ROUEN. SUPPLICES USITÉS AU XVe SIÈCLE

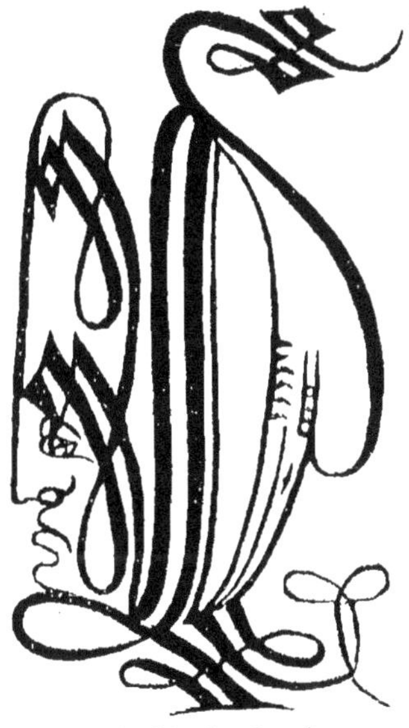

Lettre initiale des *Cronicques de Normandie* (XVe siècle).

Le hasard m'a permis d'acquérir tout récemment un document que j'ai classé parmi ceux de ma collection relatifs à la domination anglaise à Rouen, et dont la communication m'a paru devoir intéresser, non seulement mes confrères de l'Académie à qui j'en ai réservé la primeur, mais encore tous ceux que passionne, même dans les moindres détails, l'histoire de notre grande héroïne nationale.

Il s'agit d'une quittance authentique donnée en 1421 à Pierre Daron, « commis à la recepte du demaine du

Roy nostre sire de la ville et viconté de Rouen », par *Geoffroy Therage* qu'on considère avec raison comme ayant été le bourreau de Jeanne d'Arc, puisqu'il fut — au moins de 1407 à 1432 — le seul bourreau attaché au bailliage royal, et qu'il dut par conséquent, en cette qualité, allumer le bûcher du Vieux-Marché, le 30 mai 1431.

Le nom que mentionne ce simple et modeste document a donc retenu mon attention, car il évoque indirectement le souvenir du supplice de la Pucelle, de ce drame dont on ne peut lire le récit sans verser des larmes, et qui est certainement l'un des épisodes les plus émouvants de notre histoire nationale.

Je suis de ceux qui pensent qu'en histoire comme en science il ne faut rien négliger, et j'ai constaté souvent que l'étude approfondie des faits ou des personnages secondaires permet de mieux connaître et d'apprécier plus exactement ceux qui sont au premier plan.

Il m'a donc paru intéressant de grouper, à cette occasion, quelques renseignements nouveaux que j'ai recueillis sur ce bourreau rouennais dont le nom restera si tristement célèbre, et qui pendant au moins un quart de siècle à ma connaissance, — aussi bien sous Charles VI, roi de France, que sous Henri V et Henri VI d'Angleterre, — procéda à tant d'exécutions capitales à Rouen, et répandit si souvent des flots de sang sur la place du Vieux-Marché.

Sinistre figure, sans doute, que celle de Therage, de ce « *maistre persecuteur des haultes œuvres du Roy* », comme le qualifie ma quittance de 1421, et qui devait inspirer l'effroi à tous lorsqu'il sortait de son étrange logis que je représentais hypothétiquement à mes confrères de l'Académie, lors d'une précédente communication, comme une sorte d'antre d'alchimiste ou de sorcier qu'on avait dû ménager dans quelque rue mal famée de la vieille cité.

Je ne croyais pas si bien conjecturer. En effet, de nouvelles recherches et une indication précise que je dois à M. le capitaine Quenedey, m'ont permis de grouper quelques renseignements sur ce logis, qui pourront piquer la curiosité des touristes et des fervents de l'héroïne.

C'est dans l'ancienne rue de *l'Aumosne* (aujourd'hui rue des Fossés-Louis-VIII), vers l'angle formé actuellement par cette rue et la rue des Carmes, que se trouvait la maison du bourreau au moyen âge (1).

Elle était proche de la *haulte justice*, dans le voisinage de l'ancienne porte Grand-Pont, ainsi qu'il résulte de deux documents inédits que je suis heureux de publier pour la première fois, et qui permettent de l'identifier à peu près sur le plan du *Livre des Fontaines* de J. Le Lieur (1525), derrière le couvent des Carmes, près de cette ancienne porte du Grand-Pont qu'on appelait aussi porte Sainte-Apolline.

Je lis, en effet, dans un acte de septembre 1359 que m'a obligeamment communiqué l'érudit capitaine et dont la copie originale se trouve aux archives de

(1) Les *Actes normands de la Chambre des Comptes* font mention à la date de 1344, « de la meson où demeure mestre Mahieu le Bourrel ». Elle était située dans la rue de l'Aumône.

la Seine-Inférieure, que « Charles....... régent (Charles V), a donné et amorti une place vendue aux religieux Carmes contenant 18 pieds de long, 5 (?) de largeur, assise sur les murs anciens de la ville... (près?) la *porte Grand Pont* (1) cotoyant d'un côté le parvis des religieux et d'autre *la rue de l'Aumosne* d'un bout... *la maison du bourel* et la *haute justice*, et d'autre bout les dits religieux ».

Je trouve encore la confirmation de cette indication dans une histoire manuscrite du couvent des Carmes de Rouen, par le P. Gueroult (2), qui avait eu sous les yeux évidemment l'acte précité et qui s'exprime en ces termes :

« Item le dit Roy (Charles V) amortit une place vuide contenant dix huict pieds de longueur et sept de largeur sur les murs de la ville costoyant la rue de l'Aumosne et lesdits religieux Carmes et la *maison du bourel* changez a present en latrines ».

Le P. Gueroult écrivait à la fin du XVIIe siècle, et nous ignorons à quelle époque eut lieu la dernière transformation qu'il indique, mais nous savons formellement par ces deux documents où se trouvait la maison du bourreau de Rouen au moyen âge.

(1) Cette porte faisait partie de la première enceinte de Rouen. On l'appelait aussi porte Sainte-Apolline à cause d'une petite chapelle située près de là. Elle était désignée au XIe siècle sous le nom de porte Beauvoisine et se trouvait au carrefour de la Crosse, sur le parcours de l'ancienne rue de l'Aumône. Elle s'ouvrait d'un côté sur la rue des Carmes dite alors rue du Grand-Pont, et de l'autre sur le chemin d'Aubevoie, devenu plus tard la rue Beauvoisine. Elle fut démolie en 1539.

(2) Ms. Y. 25, fonds Martainville, Bib. de Rouen, p. 24.

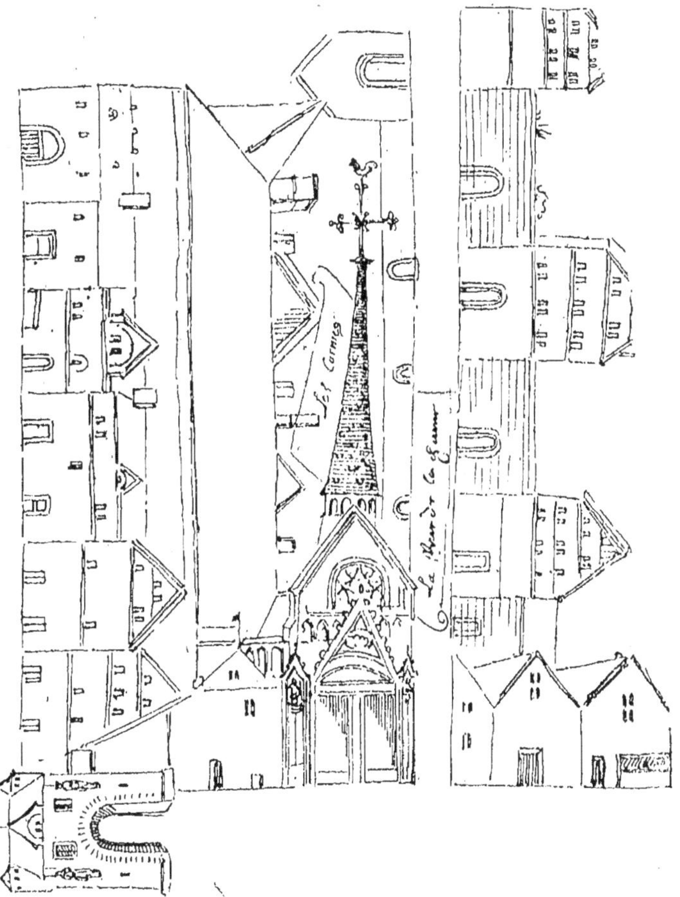


*La maison du bourreau de Rouen, au moyen-âge,*
derrière le couvent des Carmes,
près de la porte du Grand-Pont, vers l'angle de l'ancienne rue de l'Aumône
(rue des Fossés-Louis VIII).

D'après le *Livre des Fontaines* (1525).

Je rappelle brièvement l'histoire de ce quartier de la vieille cité normande.

En 1224, Louis VIII avait donné à la ville les anciens fossés de l'enceinte agrandie depuis peu, pour y construire des maisons à l'usage des indigents. Cette donation avait été faite « à la condition que ces maisons seraient basses et sans cheminées afin de n'être pas incommodes au grand dortoir du monastère des Carmes » (1).

Depuis, ces religieux favorisés par le duc de Bedford s'étaient agrandis, notamment en 1428, époque à laquelle ils avaient fait construire l'église et plusieurs bâtiments que représente notre plan extrait du *Livre des Fontaines*, et ils avaient ensuite acheté et fait reconstruire plusieurs de ces maisons (2) dans l'état où nous les montre cet intéressant document.

La rue de l'Aumône ne tarda pas à servir d'asile aux femmes prostituées et fut longtemps habitée par une population immonde dont le voisinage provoqua plus tard d'énergiques protestations et qu'on eut beaucoup de peine à éloigner de ce quartier (3).

(1) Le P. Gueroult s'exprime ainsi : « Lorsqu'on fit bâtir les maisonnettes de la rue de l'Aumosne, près les murs anciens de la ville qui nous servent de closture monastique, ce fut aux conditions qu'il n'y auroit point de cheminée mais seulement des chauffepieds pour le soulagement des pauvres... » — *Ibid.*, p. 48.

(2) « Depuis ce temps, dit le P. Gueroult, nous avons pris deux des dittes maisons les faisant rebastir proche de *notre bucher* et *du lieu amorty par le roi Charles V* qui estoit de dix huict pieds de long et de 7 de large près de la rue de l'Aumosne. » — *Ibid.*, p. 49.

(3) Nicétas Periaux, *Dictionnaire des rues et places de Rouen.*

Mais, il convient d'ajouter que le bourreau fut logé plus tard, à une époque que je ne puis exactement préciser, dans l'ancienne rue de la Truie, non loin des prisons et du Bailliage, sous les murs du Vieux-Château de Philippe-Auguste.

En effet, cette rue, qui disparut en 1862, lors de l'établissement du jardin Solférino et des rues adjacentes, était qualifiée en 1477, 1479 et 1488 : *la rue as Truyes.* Mais, elle est désignée sous le nom de *rue du Bourel* dans le plan de Gomboust (1655), probablement, dit N. Periaux, à cause du bourreau qui y avait sa demeure.

Un acte de tabellionnage du 27 janvier 1567 faisait déjà mention : « de petites maisons sises en la rue aux Truyes, bornées d'un côté le bal (1) du château, d'autre côté ladite rue, d'un bout *une maison appartenant au roi, à cause du logis où se tient l'exécuteur des sentences criminelles de Rouen.* »

Notre extrait du plan de Gomboust (1655) permet de retrouver à peu près l'emplacement de ce logis.

Ajoutons enfin, qu'une maison de la rue de la Truie, adossée aux murs de l'ancien château, a été occupée, dit-on, jusque vers 1847, par une famille chargée, de père en fils, de l'office de bourreau.

C'était bien en de semblables quartiers, près de la haute justice dans la rue de l'Aumône, et plus tard, dans le voisinage sinistre des prisons et du Bailliage,

(1) Bal ou *boël* du château, c'est-à-dire cour, enclos ou passage voisin de la basse-cour du château, d'où problablement le nom de la rue aux Truies.

que devait habiter le *bourel*, ce personnage odieux et redouté dont la vue inspirait le plus souvent une sorte de terreur.

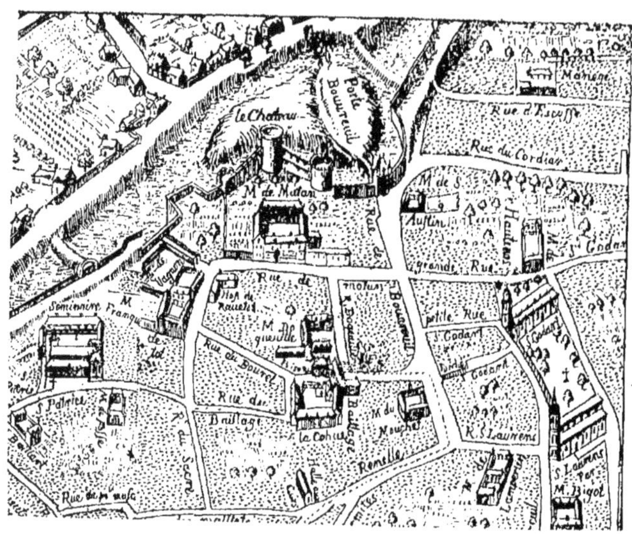


*La rue du Bourel,*
dans l'ancienne rue de la Truie, supprimée en 1862.
Extrait du plan de Gomboust (1655).

Au moyen âge, en effet, plus que de nos jours, le bourreau que possédait chaque grand bailliage provoquait généralement un vif sentiment de répulsion et se trouvait souvent comme noté d'infamie.

C'est qu'alors il accomplissait lui-même son mandat, le plus souvent sans le secours d'aides ou de valets, en frappant personnellement le condamné. C'était le bourreau qui, revêtu d'une casaque aux couleurs de la ville, décapitait, pendait et allumait les bûchers après avoir lié les patients à l'attache.

Ces supplices, plus barbares les uns que les autres, sont ainsi énumérés et appréciés par l'annotateur du curieux Recueil conservé à la Bibliothèque nationale sous ce titre : « *Peines et supplices de la justice criminelle de France aux cinq derniers siècles*, auquel je ferai quelques utiles emprunts (1) : « Fouet ; tour de pilori ; marque au fer chaud ; poing coupé ; oreilles coupées ; galères ; pendaison ou décapitation ; traînement sur la claye, roues ; bûchers ; exposition de la tête et des membres sur des lances, sur des murs, aux croix des piloris et des portes des villes ; confiscation de biens : et ces condamnations pour des délits que souvent notre jury acquitterait ou punirait des moindres peines de notre Code ».

A Rouen, c'était Therage qui, au début du xv<sup>e</sup> siècle, pratiquait successivement ces divers modes de supplice dont plusieurs sont représentés dans une très curieuse miniature du *Grand Coutumier de Normandie* que j'ai compulsé jadis dans la belle collection Lormier, et qui se trouve malheureusement aujourd'hui aux mains d'un collectionneur éloigné de la région normande.

Nous voyons notre bourreau rouennais *en action*, pour ainsi dire, dans cette fine peinture qui est l'œuvre

(1) *Manuscrit composé de cent dix-sept pièces originales appartenant à M. Monteil*, Bib. nat., ms. fr., 7645.

d'un artiste local, presque contemporain de Therage. Cet enlumineur miniaturiste nous fait assister à l'arresta-

*Le bourreau de Rouen, au XVe siècle.*
Pendaison, décapitation, au mont de la Justice.
Miniature du *Grand Coutumier de Normandie* de l'ancienne collection Lormier.

tion d'un malfaiteur ou prisonnier de guerre qu'on incarcère « es prisons du chastel » au Vieux-Château de Philippe-Auguste, ou plus exactement dans la grosse tour du Donjon (1), et à une scène de duel judiciaire, moyen barbare de solutionner les procès qui était encore en vigueur. On y voit également le bourreau procéder à une décapitation et à une pendaison de condamnés qui ont été traînés sur une claie et conduits au mont de la Justice (2) qui nous apparaît non loin du *chastel*, par une abréviation des distances familière aux miniaturistes de cette époque.

Au dernier plan, c'est bien à n'en pas douter le Vieux-Château de Philippe-Auguste qu'a représenté l'enlumineur en sacrifiant un peu au goût architectural de son époque. La grosse tour dans laquelle on incarcère un prisonnier est le *Donjon* où la Pucelle fut

(1) La geôle comme la cohue était située sur le bord de la rue de la Truie, devant le Vieux-Château. Mais le donjon et les tours reçurent aussi un grand nombre de bourgeois accusés de trahison et de prisonniers, surtout de prisonniers de guerre. (Voir Ch. de Beaurepaire, *Recherches sur les anciennes prisons de Rouen*, p. 36.) — On sait que le célèbre Poton de Xaintrailles, pris aux environs de Beauvais en 1430, fut enfermé dans le donjon. J'ai trouvé récemment, en outre, la mention d'un autre prisonnier qui fut détenu dans ce donjon en 1431. Je puise ce renseignement dans un mandement du dernier jour d'octobre 1431, adressé à Jehan Montgommery, bailli de Caux et vicomte d'Arques, de payer à Nicolas Basset, connétable du château de Rouen, 20 livres tournois pour pension de Jehan Henry qui avait été appréhendé en la ville de Rouen au mois de mai précédent. Cette somme était allouée au dit Basset « pour avoir gardé en la grosse tour du dit chastel le dit Henry... mis en icelle tour pour souppechon d'estre couppable de crime de leze majesté ». (Bib. nat., ms. fr., 26055, n° 1672.)

(2) Le bailli de Rouen avait son gibet sur le mont de la Justice, aujourd'hui Mont-Fortin. (Voir Chéruel, *Histoire de Rouen sous la domination anglaise*, p. 3.)

menacée de la torture. On aperçoit aussi, reliée à ce donjon par une haute courtine, la *Tour de la Pucelle* dans laquelle l'héroïne subit une longue et douloureuse détention ; enfin, les autres tours du *chastel* sont figurées exactement à leur place et forment un ensemble des plus imposants.

On ne peut trouver un document qui soit plus scrupuleusement exact dans les détails des scènes reproduites, plus conforme aux descriptions sommaires qu'on rencontre dans les comptes, mandements et quittances de l'époque, et qui démontre mieux comment notre maître des hautes œuvres du Roi à Rouen exécutait sa mission.

Comment le peuple n'aurait-il pas éprouvé alors un vif sentiment de répulsion pour la personne du bourreau qui était appelé souvent à traiter si cruellement et de sang-froid ses semblables ?

Sans doute, disait-on dans les formulaires ou traités sur la matière, « le bourreau ou maistre des haultes œuvres ne peche ou ne mesfait aucunement devant Dieu, ne devant le monde, combien que envers tous il ait un nom ennuyeux, pour ce qu'il semble exercer office cruel, tirannique et peu humain », et la raison en est, disait-on encore justement, qu'il agit « par charge et ordonnance de justice dont il est serviteur et ministre ».

Sans doute aussi, les baillis ou juges avaient pour devoir de choisir autant que possible pour cet office « gens de bien, maistres de leur art, sûrs, hardys, courtois, misericordieux et affables..... qui parlent doucement au patient qu'ils auront à géhenner, le consolent et admonestent à patience chrestienne » (1).

Mais, trop souvent, le bourreau ne répondait nullement à cet idéal et n'agissait que « par amour du profit, par haine ou vengeance, par plaisir ou délectation... dont advient que estans les bourreaux infectez de semblables vices, sont execrablement hays de tous à cause qu'ils ne font leur office par zele de justice, ne avec telle compassion et humanité qu'ils desiroient, qui les rendroit plus amiables envers le peuple ; mais estans eux-mêmes souillés de tous vices exercent toutes cruautez à l'encontre des patiens malfaiteurs, les traitans, ruans et tuans en telle sorte comme s'ils eussent une beste entre les mains, dont advient qu'ils ne sont non tant seulement hays mais reputez tyrans trescruels » (2).

Le bourreau de Jeanne d'Arc doit-il être rangé dans cette dernière catégorie des mauvais bourreaux qualifiés très cruels et tyrans ?

Malgré les odieuses exécutions auxquelles il prêta trop souvent la main sous la domination anglaise, on peut hésiter à le croire, quand on observe son attitude lors du supplice de la Pucelle et quand on réfléchit aux sentiments qu'il exprima après avoir livré aux flammes son infortunée victime.

On est extrêmement surpris et impressionné, en effet, lorsqu'on relit les dépositions des témoins de la Réhabilitation, — notamment celles de frères Martin



(1) *Practique iudiciaire ès causes criminelles* de M. Josse de Damhoudere, de Bruges, docteur en chascun droit etc., 1564.

(2) *Ibid.*

Ladvenu et Ysambard de la Pierre que l'on trouvera plus loin, et dont aucune raison ne nous permet de suspecter la sincérité sur ce point, — de constater que le vieux bourreau endurci par l'exécution de tant d'arrêts de mort et par la pratique de tant de supplices affreux ne put retenir l'expression de sa vive émotion et manifesta publiquement les plus amers regrets lorsqu'il eut consommé, sur l'ordre du bailli, ce qu'on a appelé justement le *meurtre légal de la Pucelle.*

Envisagée à ce point de vue, la physionomie du bourreau de Jeanne d'Arc qui, somme toute, était requis d'exécuter une décision de justice qu'il n'avait pas à discuter, nous apparaît comme beaucoup moins odieuse que celle de la plupart des juges ou assesseurs qui versèrent aussi, mais tardivement, des larmes sur le sort de leur victime après l'avoir impitoyablement et injustement condamnée !

*Petit scel de Rouen.*

## II

### LE BOURREAU GEOFFROY THERAGE AVANT LE SUPPLICE DE LA PUCELLE

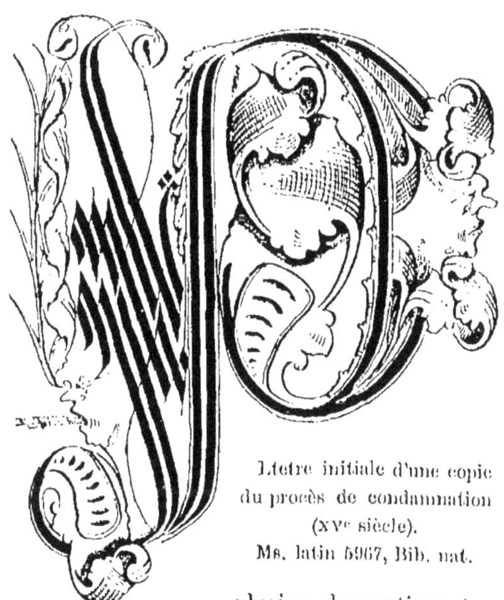

Lettre initiale d'une copie du procès de condamnation (XV^e^ siècle). Ms. latin 5967, Bib. nat.

OUR rendre plus saisissant le contraste qui existe entre les actes ordinaires de la vie professionnelle de Therage et la surprenante explosion de sentiments qu'il ne put contenir après le supplice de Jeanne, j'aimerais à présenter ici une biographie sommaire de ce personnage dont on ne connaît guère jusqu'à présent que le nom.

Malheureusement je n'ai pu recueillir sur lui qu'un petit nombre de renseignements certains.

Je crois cependant pouvoir affirmer qu'il entra en fonctions à Rouen dans les premières années du xv^e siècle, probablement en 1407 (1). Nous savons positivement qu'il était en exercice au cours de cette dernière année (2).

Cela résulte d'un mandement et d'une quittance du 6 août 1407 que j'ai retrouvés dans l'importante collection des *Pièces originales* si admirablement classées à la Bibliothèque nationale, et dont je reproduis les termes qui nous initient aux mœurs et coutumes de ces temps reculés :

« Jehan Davy, seigneur de Saint-Pereavy, chevalier, conseiller du Roi nostre Sire et son bailli de Rouen, au viconte de Rouen, salut. Nous avons tauxé et tauxons à *Guieffroy Therage, maistre de la haulte justice du Roy nostre sire* au dit lieu de Rouen, pour sa paine et salaire d'avoir mené par trois jours de vendredy par les quarrefours de Rouen, un nommé Pierre Hellot, et à chacune d'icelles trois journées l'avoir tourné ou pillory de Rouen, pour chacune d'icelles journées, cinq

(1) J'ai trouvé la mention de *maistre Simon Dailli, exécuteur de la haulte justice du Roy à Rouen*, qui le 1er octobre 1400 touche la somme de onze soulx tournois pour avoir exécuté à la justice Pierre Lecauchois. Le 2 avril 1400, autre mention de... Troude Charton qui « a mené un criminel depuis le chastel de Rouen jusques à la haulte justice d'icellui Rouen ». Enfin, le 11 janvier 1406, mention d'une pendaison faite par Martin Cole. — (Bib. nat., ms. fr. 7645).

(2) M. le chanoine Dunan citant M. Siméon Luce le signalait comme exécuteur de la haute justice à partir de 1419.

soulx tournois qui font une somme quinze soulx t., et vous mandons que des deniers de votre recepte vous paiez et delivrez au dit Guieffroy ladite somme de xv s. t., et pour rapportant ces présentes avec quittance d'icellui, il vous sera deduit et aloue en vos comptes la et ou il appartiendra, et vous certiffions que icelluy Hellot n'avoit aucuns biens ne heritages dont nous ayons eu cognoissance. Donne a Rouen le 6[e] jour daoust. Lan mil IIII[c] et sept.

« Savary » (1).

La quittance qui constate le paiement fait au bourreau est conçue en ces termes :

« Lan de grace mil IIII[c] et sept le 6[e] jour daoust, devant nous Jehan Davy, seigneur de Saint-Pereavy, chevalier, conseiller du Roy nostre sire et son bailli de Rouen, fut present *Guieffroy Therage, maistre de la haulte justice du Roi nostre sire a Rouen*, lequel congnut avoir eu et receu du Roy nostre sire par la main de Jehan Auber, viconte de Rouen, la somme de xv s. t. dessus dite ledit Guieffroy se tint pour content et en quita le Roy nostre dit sire, ledit viconte et tous autres.

« Savary » (2).

Je lis encore dans un autre document du 10 août 1411, conservé à la Bibliothèque nationale, que :

(1) Bibliothèque nationale, *Pièces originales*, 985 : Davy de Saint-Peravy, 10.

(2) *Ibid.*, 11.

« Karados des Quesnes, bailli royal à Rouen (1), a taxé à « Guieffroy Therage, maistre exécuteur de la « haulte justice du Roy à Rouen, pour sa peine et sa- « laire d'avoir traîné sur une claye, depuis les prisons « du chastel de Rouen jusques à la justice d'icelluy « lieu, entour cette justice, Collin Clémence, et en « icelle justice, avoir pendu le corps dudit Collin qui à « ce avoit esté condemné pour ses démérites, la « somme de vingt sols tournois, et douze deniers pour « gans (2). »

Therage, que nous allons suivre désormais constamment dans l'accomplissement de ses fonctions à Rouen jusqu'en 1432, était donc le contemporain et le collègue — comme nous dirions aujourd'hui — du fameux bourreau parisien Capeluche qui terrorisa et ensanglanta la capitale lors des massacres qui suivirent le triomphe du parti de Bourgogne (1418), et qui est représenté tranchant la tête des partisans d'Armagnac dans une miniature des *Chroniques de Monstrelet* (3) qu'il est intéressant de rapprocher de celle du *Grand Coutumier de Normandie.*

Rouen était alors, on le sait, la ville la plus importante du royaume après Paris, et Therage ne dut guère chômer plus que le bourreau parisien pendant cette période qui s'étend de la démence de Charles VI et des luttes acharnées entre factions ennemies, aux horreurs de l'invasion anglaise.

(1) Karados des Quesnes est mentionné dans les *Délibérations de la ville* (Inventaire sommaire..., p. 45).

(2) Manuscrits, Supplément français, 7645 (Bib. nat.)

(3) Bibliothèque nationale, ms. fr. 2680, f° 268.

*Le bourreau de Paris, au XVe siècle.*

Miniature des *Chroniques de Monstrelet* (Bib. nat., ms. fr. 2680, fo 268).

En dehors des criminels de droit commun, combien de nobles ou de bourgeois rouennais victimes de la guerre civile ou des événements politiques n'eut-il pas à exécuter?

On peut mentionner Gillot Leclerc, l'un des meurtriers de Raoul de Gaucourt, bailli de Rouen et chambellan du Roi en 1417 qui, victime de la faction de Bourgogne, avait été assassiné dans son hôtel situé rue de Saint-Ouen, près de l'hôpital du roi, actuellement rue de l'Hôpital. Le dauphin, venu à Rouen pour sévir contre les révoltés, avait excepté du pardon les assassins de son bailli, c'est pourquoi Gillot subit le dernier supplice pendant que ses complices échappaient à la répression par l'exil.

Un peu plus tard, en 1419, lorsque la ville de Rouen, assiégée par Henri V, roi d'Angleterre, se rendit après un siège mémorable, Therage dut conduire au Vieux-Marché l'illustre Alain Blanchard, capitaine des arbalétriers, qui avait opposé une résistance acharnée aux envahisseurs et qui marcha courageusement au supplice pendant que les autres ôtages se rachetaient à prix d'argent.

Therage qui optait ainsi sans scrupule pour les nouveaux maîtres et se faisait l'instrument de leurs cruelles représailles contre ses concitoyens put entendre le vaillant défenseur de Rouen prononcer ces fières paroles que lui attribue la tradition (1) : « Je n'ai pas de

(1) Un autre capitaine, d'Angennes, qui avait courageusement défendu Cherbourg, fut également conduit au supplice, bien qu'il fût muni d'un sauf-conduit de Henri V.

bien, mais si j'avais de quoi payer ma rançon, je ne voudrais pas racheter le roi anglais de son déshonneur ! »

Désormais, la grande cité rouennaise va devenir le théâtre de nombreuses et sanglantes exécutions, car les Anglais traiteront le plus souvent comme de vulgaires criminels leurs prisonniers de guerre.

On frémit quand on pense à ces *hautes œuvres du Roy* auxquelles il prêta si souvent son concours.

Il est acquis, en effet, que pendant la domination anglaise à Rouen les moindres fautes furent réprimées sévèrement et punies par l'exposition sur le *pilori* ou grosse pièce de bois pivotant sur l'une des extrémités de l'*escherfault* sur lequel s'élevaient aussi des potences auxquelles on suspendait ceux qui étaient condamnés au supplice de la corde.

Notre précieux manuscrit du *Livre des Fontaines*, exécuté en 1525 par l'échevin rouennais J. Le Lieur, qui représente les gibets dressés sur les collines voisines de la cité, nous montre aussi l'échafaud établi en permanence sur le Vieux-Marché avec les instruments de torture, et atteste ainsi tout à la fois la barbarie du moyen âge et l'horreur de cette période sinistre de l'occupation anglaise (1).

(1) Ce monument qui ressemble à la base d'un énorme pilier octogone était construit avec des pierres de taille solidement cimentées. On parvenait à la plate-forme par un escalier intérieur, et à cet escalier par une salle basse dans laquelle étaient déposés et classés méthodiquement tous les instruments de supplice qu'on entretenait avec soin. Voir Richard, *le Vieux-Marché* (*Revue de Rouen*, 1836, p. 82).

C'est là que Therage procédait aux décapitations et aux autres supplices alors usités.

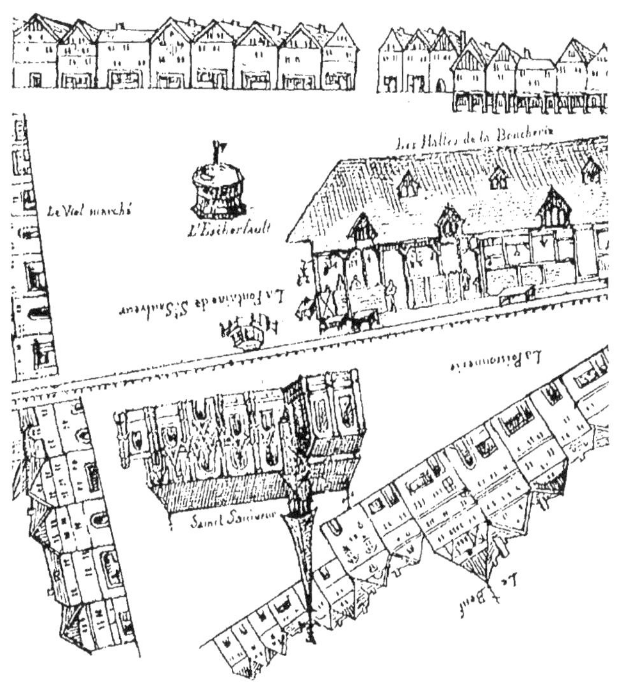


*L'escherfault ou pilori, sur la place du Vieux-Marché de Rouen.*
D'après le *Livre des Fontaines* (1525).

C'est au Vieux-Marché qu'il exécuta, en 1420, Gardin Hermenoult pour le compte des Anglais.

Une quittance du 18 février de cette année, conservée

à la Bibliothèque nationale (1), mentionne cette décapitation et nous fournit de curieux détails sur les salaires que touchait notre bourreau. Elle est ainsi libellée :

« Le 25 février 1420, nous Jehan Lrychby, chevalier, bailli de Rouen, avons tauxé à Guieffroy Therage, maistre persecuteur de la haulte justice du Roy à Rouen, pour sa peine et salaire d'avoir mené et trayné sur une claye au bout d'une charrette, Gardin Hermenoult, depuis les prisons du Roy jusques au Vieil Marché, illec l'avoir décapité, et mis sa tête sur une lance, et son corps l'avoir porté dedans la charrette jusques à la justice par la dicte ville et illec pendu

xx sols pour le décapitement,
x sols pour pendre,
v sols pour charrette,
v sols pour lance,
x sols pour trayn,
ij sols pour claye,
xij sols pour gans. »

En 1421, nous retrouvons Therage dans l'exercice de ses fonctions. En effet, la quittance authentique que j'ai communiquée à mes collègues et qui m'a inspiré cette étude mentionne le paiement qui lui fut fait devant le lieutenant du bailli de Rouen de six livres huit sols tournois.

Voici la lecture de ce parchemin jauni que je conserve avec soin comme un témoin de ces temps troublés :

(1) Manuscrits, Supplément français, 7645, pièce 25.

Lan de grace mil CCCC & XXI le 16e iour d'aoust deuant nous Pierres Poolin lieutenant de noble homme mons[r] Jehan de Hyghby cheualier bailli de Rouen fu present Guieffroy Therage maistre persecuteur de la haulte iustice du roy nostre sire à Rouen lequel congnut auoir eu & receu de Pierres Daron commis a la recepte du demaine du roy nostre sire de la dicte Ville & Viconte de Rouen la somme de six liures huit solz tournois qui deue luy estoit pour les causes contenues ou mandement cy annexe de laquelle somme ledict Guieffroy se tint pour bien content & paie & en quitte le roy nostre sire ledict Daron & tous autres a qui quittance en doit appartenir.

Donne comme dessus.

Dubust.

Quelles étaient les causes contenues au mandement relatif à ce paiement, qui malheureusement a disparu ?

Peut-être s'agissait-il de gages périodiques, car il résulte d'un document du 10 avril 1426 après Pâques, qu'il en était alloué à Therage, en dehors des salaires taxés pour chaque exécution.

A cette date, en effet, il reconnaît devant Pierre Dubust, garde du scel des obligations de la vicomté de Rouen, avoir reçu « de honnorable homme et sage Michel Durant, vicomte de Rouen, la somme de six livres tournois qui deues lui estoient pour ses *gages du terme de Pasques* derrain passé » (1).

Peut-être aussi ce mandement visait-il les salaires

(1) Ms. fr. 7645, pièce 29 (Bib. nat.).

relatifs à la décapitation de quelques patriotes rouennais coupables d'avoir manifesté trop bruyamment leur aversion pour les usurpateurs.

Cette dernière hypothèse n'aurait rien d'invraisemblable. Bien qu'on ait écrit et qu'il ne paraisse pas douteux, en effet, que certains bourgeois de Rouen s'accommodèrent facilement, par la suite, d'un régime qui favorisait leur commerce, nous savons que la majorité des Rouennais, écrasés d'impôts, en butte à mille vexations, supportaient difficilement le joug de l'étranger.

Nous en avons la preuve dans plusieurs complots qui furent ourdis contre les Anglais par de riches bourgeois de Rouen sous Henri V et Henri VI d'Angleterre.

Je puis citer notamment Robert Alorge, qui appartenait à l'une des premières familles de la cité et qui, dénoncé à Henri V par le traître Guy Le Bouteiller, lieutenant du duc de Glocester, capitaine de Rouen, subit le dernier supplice comme coupable de conspiration (1).

Je mentionnerai également, en 1428, Richard Mites, l'un des principaux bourgeois qui avaient signé la ca-

(1) V. L. Puiseux, *Siège et prise de Rouen par les Anglais*, p. 199. — Je possède dans ma collection un document qui rappelle cette exécution. C'est une quittance du 26 février 1422 donnée à Michel Durant, vicomte de Rouen, d'un terme de la rente assise sur une maison de la rue Saint-Étienne-des-Tonneliers « *qui fu feu Robt Alorge, naguère exécuté pour ses démérites* ». — Robert Alorge était conseiller de la ville dans les premières années du XVe siècle. Il est cité notamment en 1404 et 1410 dans les *Délibérations de la ville*, pp. 24, 36, 42, 43.

pitulation de Rouen. Il avait entraîné avec lui un grand nombre de ses concitoyens et avait préparé, par l'intermédiaire de Pierre de Cleuville, dit Grand Pierre, une attaque de la ville par les capitaines de Charles VII.

L'auteur des *Cronicques de Normendie* rapporte en ces termes malheureusement trop brefs cette conspiration des notables rouennais : « Furent à Rouen et estoient demourans aucunes personnez qui voulurent livrer la ville de Rouen aux Franchois. Més faillirent al leur entente. Et en fu soupechonné un nommé Ricart Mitez... et en y out plusieurs qui pour ce furent emprisonnez et aucuns decapitez » (1).

En effet, les Anglais découvrirent le complot et sévirent rigoureusement contre celui qui l'avait organisé et contre un grand nombre de bourgeois.

Quant à Pierre de Cleuville, il fut arrêté à Montlhéry, ramené à Rouen et exécuté sans doute par Therage comme complice des conspirateurs.

Le supplice de Pierre de Cleuville est rapporté dans le document ci-après que M. Floquet a jadis communiqué à M. Chéruel (2) :

« Pierres Poolin, lieutenant general de noble homme Monseigneur Jehan Salvain, chevalier, bailli de Rouen et de Gisors, au viconte de Rouen ou à son lieutenant, salut :

« Nous avons tauxé et tauxons par ces présentes à Pierre Daron, procureur général de la ville de Rouen, la somme de six livres tournois, pour avoir fait ou fait

(1) *Les Cronicques de Normendie*, édition Hellot, p. 258.

(2) *Histoire de Rouen sous la domination anglaise*, pp. 93 et 199.

faire les delegences d'avoir admené et rendu dedens les prisons du Roy nostre sire, à Rouen, Pierre de Cleuville, dit Grand-Perrin, lequel l'en soupçonnoit d'estre coulpable, sachant ou consentant du fait de la traïson

*Sceau de Jehan Salvain, bailli de Rouen* (1431).

que Ricart Mites et ses complices avoient voulu faire contre le Roy nostre seigneur et la dicte ville de Rouen, lequel Grant-Perrin le dit procureur de la dicte ville de Rouen avoit fait admener de Mont-le-Héry où il estoit prisonnier jusques ès dictes prisons de Rouen, aux cousts et despens de la dicte ville, en laquelle ville de Rouen, le dit Grand-Perrin a esté condempné et exécuté pour ses démérites comme traître, larron et brigant ; si vous mandons que des deniers de votre recepte, vous paiez et delivrez au dit procureur la dicte somme de vj livres tournois, et par rapportant ces présentes et quittances d'icellui procureur la dicte somme sera allouée en vos comptes et rabatue de votre recepte ainsi qu'il appartiendra.

« Donné a Rouen le xxviij^e jour de février l'an mil CCCC vint et huit ».

Ces tentatives d'insurrection démontrent le mécontentement de la population rouennaise aux pires jours de l'invasion et de l'occupation anglaise.

Rouen ne tarda pas à ressentir le contre-coup des événements importants qui se déroulaient en France depuis l'apparition de la Pucelle qui fit si miraculeusement lever le siège d'Orléans et qui, après une série de victoires, conduisit le Dauphin à Reims pour le faire sacrer.

Mais bientôt, on le sait, l'héroïne prise à Compiègne et vendue aux Anglais par Jean de Luxembourg fut amenée à Rouen, sous bonne escorte, dans les derniers jours de décembre 1430 et jetée dans une tour du Vieux-Château où elle resta exposée à toutes les embûches et à tous les outrages pendant le long et odieux procès qui se termina par le supplice du Vieux-Marché.

Therage était toujours en fonctions à cette époque, ainsi que l'attestent plusieurs quittances de 1430 et 1431 que j'analyse successivement dans l'ordre des dates (1). Nous pourrons ainsi suivre sa trace au cours

(1) M. Marius Sepet, l'érudit historien de Jeanne d'Arc, m'a fort obligeamment guidé dans la recherche de ces quittances à la Bibliothèque nationale.

de l'admirable épopée de la Pucelle et pendant son procès à Rouen.

Le 27 janvier 1429 (vieux style), il confesse avoir reçu du vicomte de Rouen soixante soulx tournois pour sa peine et salaire d'avoir pendu Oncler (?) qua-

*Statuette équestre de Jeanne d'Arc* (XVe siècle).
Musée de Cluny.

lifié ***brigant***, à ce condamné par justice pour ses démérites (1).

Le 4 juillet 1430, moins de six semaines avant l'incarcération de la Pucelle au Vieux-Château, il donne

(1) Bib. nat., ms. fr. 7645, pièce 31.

quittance devant Jehan Deshayes, tabellion juré en la vicomté de Rouen, de six livres tournois pour avoir décapité comme traîtres quatre condamnés (dont Leforestier, Letellier et Le Sage) qualifiés *brigans*, c'est-à-dire adversaires et ennemis tenant pour le parti de France et du dauphin (1).

Enfin, le 26 mars 1431, Therage est toujours en fonctions, car un mandement qui porte cette date constate que Laurens Guedon, lieutenant-général de Raoul

*Scel de Laurens Guedon, lieutenant général de Raoul Le Bouteiller, bailli de Rouen* (1431).

Le Bouteiller, chevalier, bailli de Rouen (celui qui va bientôt envoyer la Pucelle au bûcher), a taxé « à Guieffroy Therage, maistre executeur de la haulte justice du Roy », la somme totale de 46 sols tournois, pour avoir mené en une charrette, conduit jusqu'à la justice et y avoir pendu quatre criminels, dont deux Anglais, condamnés pour leurs démérites (2).

(1) Bib. nat., ms. fr. 7645, pièce 32.

(2) Bibl. nat., ms. fr. 26054, pièce 1524.

C'était précisément le jour où commençait le *procès ordinaire* de Jeanne, après les nombreux interrogatoires publics et secrets qu'elle avait déjà subis.

Ce même jour, les assesseurs, au nombre de quatorze, s'étaient réunis au domicile de Pierre Cauchon pour entendre la lecture des soixante-dix articles sur l'accusation que le vice-inquisiteur intentait à l'héroïne et sur lesquels on devait l'interroger.

Moins de deux mois après, le 9 mai 1431, Jeanne

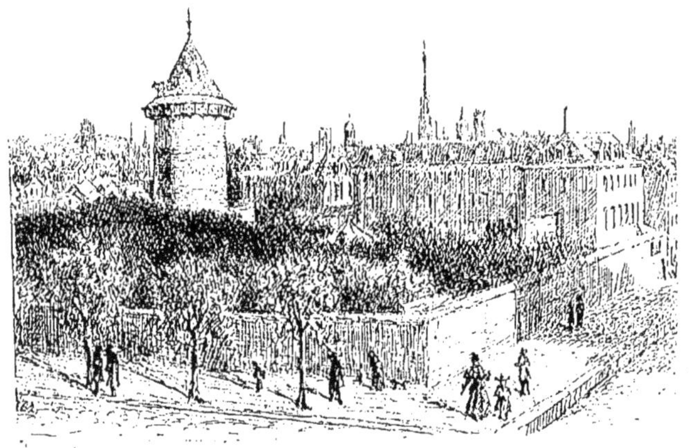

*Donjon du Vieux-Château de Rouen*
Où Jeanne d'Arc fut menacée de la torture par Pierre Cauchon, en présence de Mauger Leparmentier, bourreau de l'Officialité.
(Dessin de Charpentier).

était introduite dans la grosse tour du Vieux-Château où l'on avait disposé les instruments de torture. Cette fois, ce n'était pas Therage, mais l'appariteur Mauger Leparmentier, le bourreau de l'Officialité, qui se tenait prêt à soumettre l'héroïne à la question (1). Après la réponse mémorable qu'elle fit à l'évêque de Beauvais, il fut convenu qu'il en serait plus amplement délibéré, et elle fut reconduite au Château.

Mais, le 24 du même mois, Therage dut être requis de se préparer à livrer au feu l'héroïne qu'on avait conduite au cimetière de Saint-Ouen où fut tenue l'émouvante séance de l'abjuration. Les Anglais comptaient bien qu'elle allait enfin être remise par l'Eglise au bras séculier, c'est-à-dire au bailli, pour être brûlée. Le texte du procès porte, en effet, que lorsque Jeanne prit place sur l'*escherfault* préparé dans le cimetière de l'antique abbaye, « le bourreau se tenait avec un chariot dans une rue voisine, attendant qu'on la lui remît pour la brûler » (2).

On connaît les incidents qui suivirent la prédication violente de G. Erard, et on sait comment Jeanne adjurée par Massieu ne signa la formule qu'on lui présentait qu'après que Cauchon eût lu une grande partie de la sentence qui la livrait au bourreau. Elle ne fut donc condamnée, ce jour, qu'à *la prison perpétuelle, au pain de douleur et à l'eau d'angoisse* (3). Mais bientôt

(1) M. O'Reilly semble avoir confondu le bourreau de l'Officialité avec le bourreau laïque qui devait assurer l'exécution de la sentence suprême (*les deux Procès*..., t. II, p. 458). L'erreur est manifeste. Lors des enquêtes de la Réhabilitation, Mauger Leparmentier ne donna d'explications précises que sur les faits relatifs à la menace de torture, bien qu'il eût assisté au supplice du Vieux-Marché. Il déclara aussi seulement avoir *entendu dire* que ses cendres avaient été recueillies et jetées dans la Seine.

(2) *Procès*, t. III, p. 147.

(3) *Ibid.*, t. I, p. 452.

elle affirmait à nouveau la réalité de sa mission et rétractait formellement la prétendue abjuration qui lui était attribuée.

Les Anglais et l'évêque de Beauvais n'attendaient que ce moment pour la perdre définitivement.

*Médaille ancienne aux armes de Jeanne d'Arc.*

## III

### LE SUPPLICE DE LA PUCELLE

JEHANNE fut déclarée *relapse* dans la séance tenue le 29 mai 1431, en la chapelle du manoir archiépiscopal de Rouen.

La citation rédigée par les juges fut signifiée à l'héroïne par l'appariteur Massieu le lendemain à sept heures du matin.

Mais, dès le soir même, les Anglais hâtèrent sans doute les préparatifs de l'exécution qui comportait des mesures exceptionnelles et qui devait revêtir un caractère inusité de solennité.

Cette fois, Therage ne devait pas être requis en vain, comme lors de la séance de l'abjuration. Ce fut lui, évidemment, qui surveilla les préparatifs et se disposa à l'horrible besogne qu'il devait accomplir le lendemain. On peut l'affirmer, bien qu'aucun document ne le désigne nommément et que les témoins de la Réhabilitation n'aient mentionné que le *bourreau* dans leurs récits du drame auquel ils avaient assisté. Je préciserai plus loin les multiples raisons sur lesquelles repose mon opinion, conforme d'ailleurs à celle des principaux historiens de Jeanne d'Arc.

« On n'a rien trouvé sur le supplice de Jeanne dans les comptes de la ville, dit M. le chanoine Dunan dans ses *Etudes critiques,* et la raison en serait, d'après M. l'abbé Sauvage (1), que l'autorité anglaise a tout fait sans le concours de la ville, et que le néant de documents sauve l'honneur de notre cité et de tous nos corps officiels restés, comme corps, en dehors du procès, malgré certaines défections individuelles (2). »

Cette explication émane assurément d'un cœur généreux qui s'est inspiré d'un patriotisme local des plus respectables ; mais il me semble que la question est beaucoup plus simple que ne l'imaginaït le docte abbé, car Therage agit manifestement dans la circonstance, comme il le faisait habituellement, pour le compte du bailli de Rouen. Il reçut les salaires accoutumés et ces salaires ont figuré, au même titre que ceux précédemment touchés par lui, dans les comptes de la vicomté de Rouen. Si ces comptes ont malheureusement disparu en grande partie ou se sont trouvés dispersés, il convient d'en attribuer la cause aux vicissitudes du temps plutôt qu'à une destruction intentionnelle ou intéressée qu'on a souvent alléguée. Peut-être le hasard, qui m'a permis de retrouver la quittance de 1421, fera-t-il découvrir plus tard le mandement relatif à la combustion de la Pucelle et la quittance de Therage.

(1) Lettre de M. l'abbé Sauvage, citée par M. le chanoine Dunan. (*Etudes critiques sur l'histoire de Jeanne d'Arc*, t. II, p. 620.)

(2) *Ibid.*, t. II, p. 625.

Quoi qu'il en soit, ce dut être une sinistre nuit que celle du 29 mai 1431, pendant laquelle, à la lueur indécise des torches, les Anglais firent élever à la hâte, auprès du pilori, le « *hault escherfault de plastre* » qui devait permettre à tous, le lendemain, de constater la réalité du supplice et de la mort de la Pucelle !

Je ne retracerai pas ici en détail les scènes émouvantes, si connues d'ailleurs, de ce drame à jamais célèbre.

J'essaierai seulement de dégager aussi exactement que possible, d'après les textes et les derniers éclaircissements fournis sur ce point, le rôle du bourreau de Jeanne d'Arc et les sentiments qu'il exprima publiquement après cette horrible exécution.

L'héroïne avait été citée pour huit heures, mais elle n'arriva guère sur la place du Vieux-Marché que vers neuf heures. C'est à cette heure, d'après l'acte rédigé au nom de Pierre Cauchon, que les juges s'y trouvèrent réunis (1).

Jeanne fut conduite au supplice la tête rasée et revêtue des habits de son sexe : « *In habitu muliebri* », porte le texte dans une incidente omise par le traducteur (2).

D'après Fauquembergue, greffier du Parlement de Paris, elle était affublée de la mitre d'ignominie sur laquelle on lisait en français : « *Heretique, Relapse, Apostate, Idolatre.* »

Devant l'échafaud, les Anglais avaient fait placer un

(1) Ayrolles, *la Vraie Jeanne d'Arc*, p. 136.

(2) *Ibid.*, p. 689.

tableau sur lequel étaient écrits ces mots : « *Jeanne qui s'est fait nommer la Pucelle, Menteresse, Pernicieuse, abuseresse du peuple, Devineresse, Supers-*

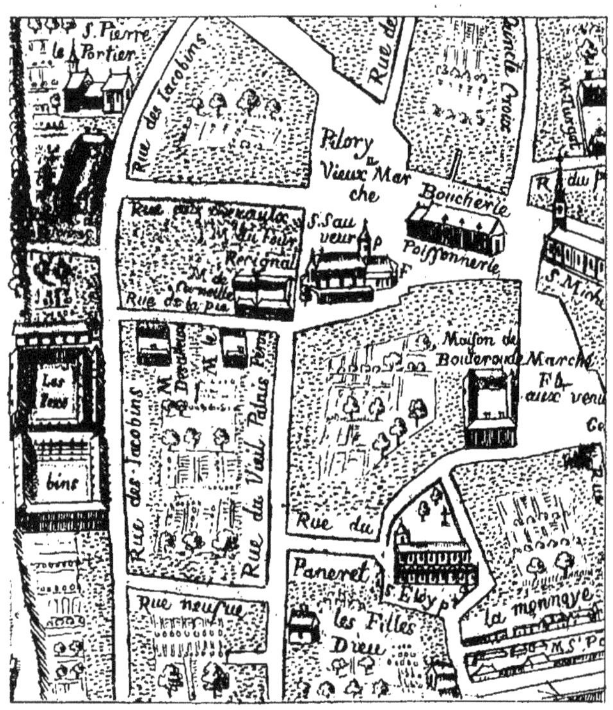


*Le Vieux-Marché*
D'après le plan de Gomboust (1655).

*titieuse, Blasphematrice de Dieu, Presomptueuse, mal créant de la Foi de Jesus-Christ, Venteresse, Idolatre, Cruelle, Dissolue, Invocateresse des diables, Apostate, Schismatique et Heretique* », qualifications haineuses, dit le P. Ayrolles, qui pouvaient s'appliquer en réalité, non pas à la victime, mais à son juge inique et à ses complices coupables de forfaiture (1) !

Une multitude presque innombrable, au dire de Thomas Basin, était accourue des campagnes et des villes voisines (2).

On fit monter Jeanne sur un des échafauds où elle devait être prêchée par le chanoine Midy (3).

Le bûcher s'élevait au milieu de la place.

Le poteau auquel l'héroïne devait être attachée se dressait sur un massif de maçonnerie et de plâtre, auquel on accédait vraisemblablement par des marches au-dessus des bois et des fagots qui y étaient entassés. On pouvait l'apercevoir des quatre coins de la place. C'était une disposition exceptionnelle, car, d'ordinaire, on n'élevait pas ainsi les bûchers. On se contentait de placer les fagots et les bois autour du pieu auquel le patient devait être attaché. La miniature des *Vigilles de Charles VII*, qui est la plus ancienne figuration connue jusqu'à ce jour du supplice de Jeanne d'Arc (puisqu'elle a été exécutée en 1484), et qui n'a pas tenu compte de cet appareil exceptionnel mis en œuvre pour la Pucelle, est conforme sur ce point à

(1) Ayrolles, *la Vraie Jeanne d'Arc*, p. 454.

(2) *Procès*, t. III, p. 241.

(3) Il en avait été ainsi, l'année précédente, de plusieurs sorcières rouennaises : Johanne la Turquenne, Jeanne Vanneril, Alice la Rousse, Cardine la Ferté, Jeanne la Guillorée, qui avaient été mitrées et prêchées sur des échafauds en 1430. (G. Dubosc, *le Supplice de Jeanne d'Arc*. — *Journal de Rouen* du 1er juin 1902.)

celles que j'ai retrouvées dans plusieurs manuscrits enluminés du xv$^{e}$ siècle et aux plus anciennes gravures sur bois représentant le supplice du feu. Habituellement, les bois et fascines reposant sur le sol, l'exécuteur pouvait plus facilement lier le patient à l'attache et activer l'œuvre de mort.

Midy avait pris pour texte de son discours ces paroles de l'épître aux Corinthiens : « Si un membre souffre, tous les autres membres souffrent avec lui. » C'est tout ce que l'instrument judiciaire nous a conservé de ce discours avec quelques courts développements rapportés par les témoins du procès de réhabilitation.

Ce fut probablement vers dix heures ou dix heures et demie qu'on fit descendre Jeanne de l'estrade où elle avait entendu le sermon et la lecture par Pierre Cauchon de la sentence par laquelle elle était retranchée de l'Eglise comme un membre pourri, et livrée au bras séculier.

Elle fit alors, d'après Manchon, « sa regraciation, ses prières et lamentations moult notablement tellement que les juges, prélats et autres assistants furent provoqués à grands pleurs et larmes de lui voir faire ses pitéables regrets et douloureuses complaintes ».

Massieu a résumé ainsi cette première phase du supplice : « Et quand elle fut délaissée par l'Eglise... à grande dévotion demanda à avoir la croix, et ce ayant un Anglais qui étoit là présent en fit une petite de bois du bout d'un bâton qu'il lui bailla, et devotement la reçut et la baisa... et mit icelle croix en son sein,

*Le supplice du feu. — Disposition ordinaire d'un bûcher.*
D'après la *Pratique judiciaire ès causes criminelles.*

entre sa chair et ses vêtements. Et en outre me demanda humblement que je lui fisse avoir la croix de l'église, et je fis tant que le clerc de la paroisse Saint-Sauveur la lui rapporta : laquelle apportée elle l'embrassa moult étroitement et longuement et la détint jusqu'à ce qu'elle fut liée à l'attache. »

Pendant que la pauvre fille faisait ainsi ses émouvantes lamentations, les Anglais s'impatientaient. Aussi, Warwick et le cardinal d'Angleterre pressèrent le bailli, Raoul le Bouteiller, « *pour plus tôt la faire mourir* », disant à Massieu : « Comment, prêtre, nous ferez-vous icy disner (1). »

Alors, des clercs de la chapelle du roi anglais et des hommes d'armes la conduisirent devant l'estrade où se tenait le bailli.

C'est ainsi qu'elle apparaît dans une miniature du commencement du XVIe siècle qui est entrée dans la collection de M. Ed. Pelay. On y voit l'héroïne entre Martin Ladvenu et le bourreau qui va se saisir d'elle au pied de l'échafaud. Le bailli Raoul le Bouteiller, assisté de son lieutenant-général Laurens Guedon, s'apprête à donner le signal de l'exécution. L'artiste, malheureusement, n'a pas reproduit les dispositions du bûcher qu'il a remplacé par une chaudière placée sur un ambon.

A part ce détail, la scène est d'une vérité à la fois naïve et saisissante, surtout au point de vue de la topographie de la place du Vieux-Marché et des person-

(1) *Procès*, t. II, p. 20.

nages officiels qui assistent aux préliminaires du supplice.

*La Pucelle au pied de l'échafaud, entre frère Martin Ladvenu et le bourreau.*

Miniature du commencement du XVI^e siècle, de la collection Éd. Pelay.

La Pucelle est revêtue d'une sorte de *bliaud* ou longue blouse de toile à longues manches recouvrant les bras. Elle n'est pas coiffée de la mitre dont on la couvrit pourtant, soit au départ du Vieux-Château, soit sur le lieu même du supplice.

Ce fut, on le sait, sur un simple mot balbutié par le bailli : « *Emmenez-la* », ou : « *Fais ton devoir* (1) », que Therage, s'emparant de Jeanne la conduisit au bûcher.

Le bailli n'avait même pas prononcé, au nom de la justice séculière, une sentence nouvelle qui était nécessaire pour que le bourreau pût se saisir de sa victime (2).

Malgré cette irrégularité, Therage avait obéi à l'ordre qui lui était donné et, sans plus attendre, il fit monter l'héroïne sur l'échafaud afin de la lier au poteau. Il fut suivi par frère Martin Ladvenu et par frère Isambard qui tinrent la croix élevée afin que Jeanne pût bien l'apercevoir pendant cette opération qui dura quelque temps.

Le bourreau, en effet, eut beaucoup de peine pour attacher la patiente au poteau qui était très élevé, et cette difficulté prolongea les souffrances de la martyre. « La hauteur du bûcher entraîna de cruelles consé-

(1) M. le chanoine Debout, interprétant les dépositions d'Isambard de la Pierre et de Laurens Guedon, pense que l'ordre d'exécution immédiate fut donné par un officier supérieur anglais, probablement par Warwick lui-même. (*Jeanne d'Arc*, t. II, p. 781.)

(2) On aurait dû, comme on le fit peu de temps après pour Georges Folenfant, condamné en matière de foi et livré à la justice séculière, conduire la Pucelle à la *cohue* ou salle d'audience, dans laquelle le bailli aurait prononcé une nouvelle sentence de condamnation. Cette irrégularité provoqua de vives protestations après le supplice de Jeanne et fut jugée si grave que Raoul Le Bouteiller fut averti de ne pas agir, à l'égard de Folenfant, avec la précipitation dont il avait usé envers la Pucelle.

quences, dit un des plus récents historiens de Jeanne. Tandis que dans les cas ordinaires l'exécuteur pouvait atteindre les suppliciés avec le croc destiné à entretenir le brasier, et même abréger par un coup mortel... l'épouvantable supplice, il lui était cette fois impossible de parvenir à toucher la pauvre enfant qui mourut vraiment étouffée par les flammes et brûlée vive. Ce raffinement de barbarie et la célébrité de la jeune condamnée augmentèrent l'émotion de Geoffroy Therache, le bourreau qui allait procéder à l'exécution. (1) ».

Frère Martin Ladvenu a fourni au procès de Réhabilitation les détails les plus précis sur ce mode inusité de combustion et sur la cruauté des Anglais.

Il affirma avoir ouï dire au bourreau, le jour même du supplice, que la Pucelle avait dû souffrir beaucoup plus que ne souffraient d'ordinaire les autres condamnés, et cela « par la manière cruelle de la lier et afficher ; car les Anglais firent faire un haut eschesfault de plastre et il ne la pouvait bonnement ne facilement expedier ne acteindre à elle, de quoy il estoit fort marry et avoit grant compassion de la forme et cruelle maniere par laquelle on la faisoit mourir (2). »

Malheureusement, ainsi que je l'ai dit ci-dessus, nous ne connaissons aucune miniature ancienne reproduisant les dispositions spéciales du bûcher du Vieux-Marché.

(1) Chanoine Henri Debout, *Jeanne d'Arc*, t. II, p. 782.

(2) *Procès*, t. II, p. 9.

Notre miniature des *Vigilles de Charles VII* montre bien le bourreau liant la Pucelle au poteau, mais l'artiste. étranger à la ville de Rouen, a représenté som-

*Le bourreau de Rouen lie Jeanne au poteau.*
Miniature des *Vigilles de Charles VII*, 1485 (Bib. nat., ms. fr. 5054).

mairement le supplice de l'héroïne en s'inspirant du mode le plus ordinairement employé.

Il nous faut donc suppléer à la documentation ancienne, qui fait défaut sur ce point, par les restitutions plus ou moins heureuses qu'en ont fait nos artistes modernes dans des œuvres de valeur mais trop souvent en contradiction, quant aux détails, avec la vérité de l'histoire, sinon de l'archéologie.

La plupart semblent avoir reculé devant la difficulté, au point de vue de l'art, de représenter la victime en cheveux rasés, la tête couverte de la mitre d'ignominie et ligotée dans la robe blanche des suppliciés.

Pourtant un Rouennais d'origine, resté Rouennais de cœur, M. Emile Deshays, à la fois artiste et écrivain distingué, a consacré à l'épopée de Jeanne une série d'études à la gouache qu'il a exposées jadis avec succès à Rouen et dans laquelle il a notamment représenté le supplice de l'héroïne d'après les données précises tirées des textes et des documents contemporains.

Sa composition relative au supplice du Vieux-Marché, qui était restée inédite jusqu'à ce jour, sera utilement consultée par ceux que tentera, dans l'avenir, la reconstitution de ce drame célèbre entre tous.

Dans la partie que j'ai communiquée à mes confrères, on remarquera, en dehors du bûcher, le pilori, les maisons gothiques du nord de la place, l'échafaud adossé aux halles de la boucherie, etc., le tout d'après le plan de J. Le Lieur de 1525.

Ce fut vraisemblablement vers onze heures que le bourreau mit le feu aux fascines et que la jeune fille cria aux religieux de descendre et de lui montrer la croix (1).

(1) « Elle fut amenée par le bourreau à l'endroit où étaient les bois qui devaient la brûler. Ces bois étaient sur un échafaud et le bourreau y mit le feu au bas. Lorsque Jeanne vit le feu allumé, elle me dit de descendre et de tenir la croix du Seigneur très élevée pour qu'elle pût la voir. Ce que je fis... » (Déposition de Martin Ladvenu.)

*La Pucelle sur le bûcher du Vieux-Marché, près du pilori*
D'après les documents authentiques.
(Composition inédite de M. Em. Deshays).

« Quand elle fut dans le feu, dit Moreau, je l'entendis demander de l'eau bénite et clamer de toutes ses forces : « Jhesus ! »

Ses pieuses lamentations et invocations arrachaient des larmes au plus grand nombre des assistants. On l'entendit prononcer ces mots : « *Ha ! Rouen ! j'ai grand'paour que tu n'ay à souffrir de ma mort* », qui ont été diversement interprétés ; et, jusqu'à la fin, elle soutint que ses voix lui venaient de Dieu. « *Elle disait qu'elle n'était pas hérétique ni schismatique, comme le lui imputait l'écriteau.* »

Le feu ne tarda pas à l'atteindre. Elle cria alors plus de six fois : « *Jhesus !* » Cette dernière invocation fut entendue des témoins du supplice qui, presque tous, pleuraient et se lamentaient par pitié pour elle (1).

En réalité, Jeanne expira autant étouffée par la fumée, *suffocata*, que brûlée par la flamme et *arse* (2).

Il devait être alors environ onze heures et un quart ou onze heures et demie. Mais l'œuvre du bourreau était loin d'être terminée. Therage reçut l'ordre à ce moment d'écarter les flammes et le brasier afin que le peuple pût constater que la victime était bien morte et qu'elle ne s'était pas évadée ou qu'on ne lui avait substitué personne. Puis il rapprocha les fascines et activa

(1) Déposition de Leparmentier.

(2) « Aussi bien, dit G. Dubosc, dans la confection des bûchers, on employait toujours des matières résineuses, de la *trémentine*, au milieu des bûches, des fagots, de la *gloë*, de longues bourrées de bouleau à trois harts et de la paille. » (*Journal de Rouen* du 1er juin 1902.)

la combustion qui fut lente, car le feu accomplissait difficilement son œuvre, et ce ne fut guère que vers une heure après midi qu'il monta sur le bûcher, supposant que le corps de l'héroïne était incinéré et qu'il ne lui restait plus qu'à recueillir les cendres (1).

Quelle ne fut pas sa stupéfaction en constatant que le cœur et les entrailles de la martyre gisaient sur le brasier et n'avaient pas été consumés !

S'il est vrai, comme l'observe M. Anatole France, qu'en ces sortes de supplices la combustion des chairs était rarement complète, le fait constaté par le bourreau ne lui en parut pas moins anormal.

Il dut recourir alors à d'autres moyens et à un autre mode de combustion qui restèrent également sans résultat. Ces moyens consistèrent à répandre de l'huile et du soufre sur ce cœur encore plein de sang et sur les entrailles restées intactes. En vain il appliqua aussi sur ces organes des charbons incandescents, ses efforts restèrent inutiles. Les témoignages sont encore précis sur ce point.

Isambard de la Pierre affirma, en effet, tenir du bourreau lui-même que « nonobstant l'huile, le soufre et le charbon qu'il avait appliqué contre le cœur et les *broilles* de Jeanne, il n'avait pu les consumer et les réduire en cendre ».

Au dire de Jean Massieu, le bourreau affirma à Jean Fleury que « lorsque le corps eut été consumé et réduit

(1) Voir tout spécialement le résumé du supplice par M. le chanoine Dunan, *Études critiques*, p. 625.

en cendres, le cœur était demeuré intact et plein de sang ».

C'est à la suite de cette scène émouvante et de ces constatations inusitées et extraordinaires que Therage, déjà gagné par l'émotion intense qui s'était emparée des assistants, manifesta les plus vifs regrets de l'acte qu'il avait accompli.

« Après la combustion, dit Martin Ladvenu, le bourreau, *quasi à quatre heures après nones*, disoit que jamais n'avoit tant craint à faire l'exécution d'aucun criminel comme il avoit en la combustion de la Pucelle, pour plusieurs causes : premierement, pour le grand bruit et renom d'icelle ; secondement, pour la cruelle manière de la lier et afficher..... Le bourreau a rendu témoignage en ma présence qu'elle avait été brûlée injustement. »

Therage se rendit même au couvent des frères Prêcheurs, voisin de la place du Vieux-Marché, l'après midi, et il dit à frère Martin Ladvenu : « Je crains fort d'être damné ; j'ai brûlé une sainte. »

Ce propos, qui a été contesté par l'un des plus récents historiens de Jeanne, était assurément fort compromettant et aurait pu exposer l'exécuteur à des représailles s'il était parvenu aux oreilles du vice-inquisiteur, comme il advint pour frère Pierre Bosquier qui fut mis en accusation et condamné à faire pénitence au pain et à l'eau jusqu'à Pâques, pour avoir osé dire qu'on avait mal fait en condamnant la Pucelle (1).

(1) Anatole France, *Vie de Jeanne d'Arc*, t. II, p. 396.

Mais il ne me semble pas pourtant qu'il y ait identité de cas et de situation entre les critiques du frère dominicain placé directement sous l'autorité du vice-inquisiteur et les propos tenus par le bourreau spontanément, en dehors des personnages officiels et sur le vif même des détails de la cruelle exécution, après que les juges eux-mêmes avaient versé publiquement d'abondantes larmes.

Je ne crois donc pas qu'on soit autorisé à traiter ce propos de « *fable imaginée plus tard* », ni à représenter le bourreau comme étant allé, le soir, probablement en état d'ivresse, au couvent des frères prêcheurs pour y quémander quelque gratification, « en se faisant auprès des religieux un mérite d'avoir exécuté une sorcière et d'y avoir peiné (1) ».

Isambard de la Pierre, qui a témoigné de la démarche du bourreau, a donné les détails les plus précis sur la très vive émotion manifestée par lui. « Incontinent après l'exécution, dit-il, le bourreau vint à moi et à frère Martin Ladvenu, mon compagnon, frappé et ému d'une merveilleuse repentance et terrible contrition, tout désespéré, craignant de ne jamais impétrer pardon et indulgence envers Dieu de ce qu'il avoit fait à cette sainte femme. » (Enquête de 1450.)

Pourtant, Therage avait dû exécuter jusqu'à la fin les ordres rigoureux que lui avaient transmis les Anglais.

Suivant de nombreux témoignages et notamment

(1) Anatole France, *Ibid.*, p. 397.

d'après la déposition du chanoine Marguerie et le récit de l'historien Thomas Bazin, ce fut le cardinal d'Angleterre qui donna l'ordre au bourreau de recueillir les cendres et les restes de la suppliciée et de jeter le tout dans la Seine du *haut du pont de Rouen*. C'est ce qui fut fait : « *Cineres... de ponte in sequanam projecti sunt* », dit formellement ce dernier.

Jean Massieu sut également que le bourreau reçut l'ordre de recueillir les cendres et tout ce qui restait de la victime et de les jeter en Seine.

D'autres témoins en ont aussi déposé au procès de Réhabilitation (1).

« Il est probable, dit M. le chanoine Dunan, que des ossements calcinés de la suppliciée se trouvèrent mêlés aux cendres. Ce qui est certain, c'est que Therage jeta dans la Seine son cœur et ses entrailles que le feu n'avait pu consumer. »

Ce fut sans doute au plus tôt vers trois ou quatre heures, et plus probablement vers sept heures du soir (2), que le bourreau, surveillé et escorté par les préposés du cardinal d'Angleterre, se dirigea par la *Grand'rue au Vieil marché*, *le Gros Horlorge* et la rue Grand-Pont vers le vieux pont de Seine, dit pont de Mathilde, pour jeter dans le fleuve les restes de la suppliciée.

(1) Le fait est rapporté également par le *Bourgeois de Paris* et par l'auteur des *Cronicques de Normendie*.

(2) On n'est pas d'accord sur l'interprétation de ces mots : « quatre heures après nones ». M. le chanoine Dunan observe que le bourreau dut prendre quelque répit après tant d'émotions, afin de retrouver le calme dont il avait besoin.

Si nous suivons le bourreau Therage et la sinistre escorte qui l'accompagne à travers le cœur de la cité, nous passerons avec lui sous le beffroi communal dans lequel se trouvait déjà la vieille cloche si chère encore de nos jours aux Rouennais et dont Jeanne avait dû percevoir si souvent, de sa prison, les mélancoliques envolées pendant les soirs d'hiver !

Nous rencontrerons sur notre chemin les églises Notre-Dame-de-la-Ronde et Saint-Herbland ; puis, la Cathédrale avec sa façade austère du temps, flanquée seulement de la tour Saint-Romain encore privée de son couronnement gothique.

Enfin, nous descendrons, à sa suite, la rue Grand-Pont, au milieu des maisons à ogives et à pignons sculptés, dont quelques types trop rares nous ont été conservés.

Nous arriverons ainsi au vieux pont de Mathilde dont les arches, aux piliers massifs, divisaient les eaux de la Seine qui venaient baigner plus loin les murs du Vieux-Palais construit par Henri V, et s'enfuyaient ensuite vers Harfleur et la mer !

Le pont sur lequel nous verrons s'engager les Anglais et le bourreau, était alors relié de ce côté à la ville par plusieurs arches en bois qu'on pouvait rompre pour intercepter toute communication avec la ville (1).

A l'autre extrémité il était défendu par une petite forteresse avec barrière à herse coulante, qu'on appe-

(1) Chéruel, *Histoire de Rouen sous la domination anglaise*, p. 4.

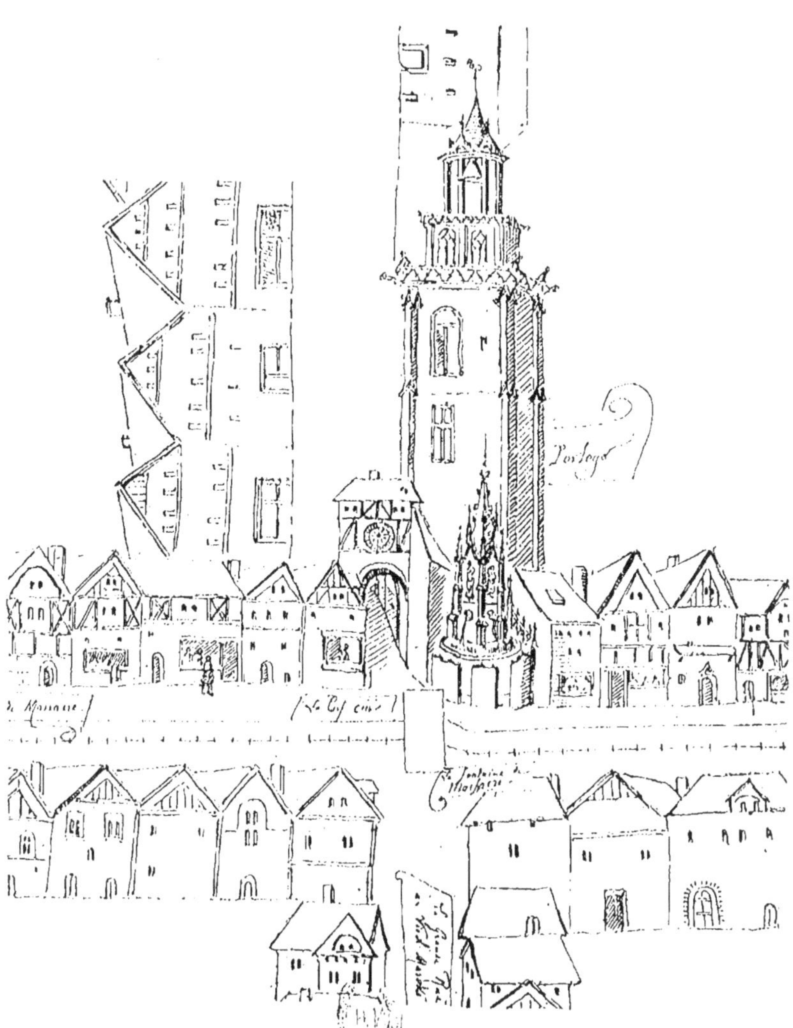

*La Grand'rue au Vieil marché et le Beffroy de Rouen*
(D'après le *Livre des Fontaines* (1525).

lait la Barbacane, et qui était occupée par une garnison anglaise (1).

C'est au milieu du pont, suivant les uns, c'est-à-dire à l'endroit où le courant, plus rapide, devait emporter et faire disparaître à jamais les précieux restes de la martyre, que Therage accomplit sa dernière et lugubre besogne.

M. Georges Dubosc pense que ce fut plutôt vers la Barbacane, près de l'abreuvoir aux chevaux, souvent cité dans les *Délibérations de la Ville* (2).

C'est en s'inspirant de la première hypothèse que M. Emile Deshays a représenté cette dernière étape du bourreau dans une composition émouvante et d'une grande vérité de détails dont il a bien voulu m'autoriser à offrir la primeur à mes confrères de l'Académie (3).

(1) Je possède dans ma collection une quittance du 9 avril 1432 (avant Pâques) mentionnant « monseigneur le gouvernant et regent le royaumme de France, duc de Bedfort, capitaine de Rouen, et les gages payés à son lieutenant messire Jehan Hanneford, qui gardait pour lui le *pont de Seine de Rouen* ».

(2) « Au moyen âge, la Seine était une sorte de *heurt* public. On y jetait aussi les œuvres condamnées par les corporations. » (G. Dubosc, *les Cendres de Jeanne d'Arc*, supplément du *Journal de Rouen*, 10 juin 1891.)

(3) M. Emile Deshays a poussé le souci de la reconstitution jusqu'à tenir compte de l'orientation des ombres, suivant la saison et l'heure où les scènes se sont déroulées.

Ces belles compositions, au nombre de sept, vont être éditées en couleurs, pour la première fois, et avec un grand luxe, par l'excellente maison Barbier, de Nancy.

Les gravures (format 24 × 30), avec texte, seront contenues dans une élégante couverture. En voici l'énumération :

1° Jeanne d'Arc est amenée à Rouen ;
2° Le Vieux-Château de Rouen ;
3° Jeanne d'Arc est menacée de la torture ;
4° Jeanne d'Arc conduite au cimetière de Saint-Ouen pour y abjurer « ses erreurs » ;
5° Jeanne d'Arc conduite au supplice ;
6° Jeanne d'Arc brûlée vive sur la place du Vieux-Marché à Rouen.

Cette œuvre magnifique trouvera place, nous n'en doutons pas, dans toutes les bibliothèques rouennaises et normandes.

Nous y voyons comment Therage, du haut de ce *pont de Seine* si jalousement gardé par les Anglais, sous les yeux de la petite garnison, de l'escorte et d'une foule d'habitants consternés, jeta dans le fleuve les reliques de la sublime enfant... « devant ce peuple qui en avait fait son idole, afin que plus tard il fût impossible de rendre à ces restes sacrés les honneurs qui leur étaient dus (1) ».

.............................................

Si un poète, admirateur de Jeanne d'Arc, a pu dire justement que :

> De Rouen jusqu'à la mer toute la Seine est sainte (2) ;

S'il est vrai encore, comme l'a chanté un autre poète, lors des fêtes de Bonsecours en 1892, que de la cime des monts, la *Jeanne d'Arc prisonnière* de Barrias, semble contempler avec mélancolie ce pont de Rouen, et qu'elle

> Songe en voyant la Seine calme et belle
> Entre les bords riants où l'eau vive étincelle
> Comme un miroir d'argent sous le soleil d'été,
> Qu'en ce flot qui s'en va, murmurant et rapide,
> Jadis par une main perfide,
> Son chaste corps, réduit en cendres, fut jeté (3) ;

S'il est vrai enfin, comme je l'écrivais jadis, que, de ce même plateau des Aigles où l'ont reléguée les

(1) *Etudes critiques...*

(2) *Le Tombeau de Jeanne d'Arc*, par Auguste Cordier.

(3) *Ode triomphale à Jeanne d'Arc*, par M. Paul Allard, musique de Ch. Lenepveu.

*Le bourreau jette les cendres de la Pucelle dans la Seine du haut du pont de Mathilde.*
(Composition inédite de M. Em. Deshays).

divisions des partis, Jeanne semble adresser comme un doux reproche à ces Rouennais du xx^e siècle qui n'ont pas encore su rendre à sa mémoire un hommage una-

*Porte Grand-Pont et restes du pont de Mathilde.*
Fac-similé d'une gravure d'Israël Sylvestre (xvii^e siècle).

nime et incontesté (1) ; on me permettra au moins de m'étonner que les fervents de l'héroïne ne se rendent pas chaque année sur le pont Boïeldieu, qui remplace

(1) *Jeanne d'Arc et la Normandie au XV^e siècle*, p. 622.

aujourd'hui l'ancien pont de Mathilde, pour accomplir ainsi comme une sorte de pèlerinage du souvenir au tombeau de la Libératrice.

J'ajoute, en outre, que la Municipalité rouennaise s'honorerait en faisant placer, au milieu de ce pont, un modeste monument ou même une simple inscription rappelant que :

**Le 30 mai 1431**
**les cendres de Jeanne d'Arc**
**furent jetées, du pont de Rouen,**
**dans la Seine**
**par l'ordre des Anglais !**

*Henri VI,*
*roi de France et d'Angleterre*
(1431).

## IV

### GEFFROY THERAGE APRÈS LE SUPPLICE DE LA PUCELLE

Lettre initiale d'une charte de Charles VII aux Rouennais (XV^e siècle).

CEPENDANT, la profonde impression qu'avait éprouvée le bourreau et les regrets qu'il avait publiquement exprimés ne le déterminèrent point à se démettre de ses fonctions, car, l'année suivante, nous le trouvons chargé des nombreuses exécutions capitales qui terrorisèrent les Rouennais.

L'année 1432 fut, en effet, signalée par de nombreux supplices.

La plupart des condamnés étaient décapités au Vieux-Marché; le corps était ensuite pendu au gibet et la tête fixée au bout d'une lance.

Jean de Resonville, Jean le Batteur, de Neufchâtel, Thomas Suitte, etc., accusés de trahison, furent ainsi amenés à Rouen pour qu'on leur fît prompte justice.

« Jamais peut-être, dit M. de Beaurepaire, tant de

sang ne fut versé sur les places publiques des villes normandes pour anéantir, par la terreur, le sentiment patriotique que les succès de Jeanne d'Arc avaient si vivement excité (1). »

C'était le temps où La Hire et ses compagnons endommageaient le pays environ en plusieurs lieux... et « couroient souvent jusque ceux près de Rouen et en estoit le povre peuple mallement grevé ou oppressé, dont grandement desplaisoit aux Anglois (2) ».

Le grand conseil qui siégeait au Vieux-Château de Rouen poursuivait sans merci l'œuvre de répression qu'il avait entreprise. Il était également obligé de remédier, par des exemples salutaires, aux graves désordres qui troublaient la cité, et à la désolation des campagnes. A cet effet, les Anglais durent sévir même contre ceux des leurs qui se livraient au brigandage : quelques-uns furent pendus une mitre en tête.

Sur la sinistre place du Vieux-Marché on venait d'édifier un nouvel échafaud de 14 pieds de long et de large et de 9 pieds d'élévation. On l'avait entouré d'une palissade de bois « *afin que les chiens et autres bestes ne puissent attoucher au sang des executez qui chiet en une fosse dessoubs icelui eschaffault* (3) ».

C'est là, et aussi quelquefois à la *Viel-Tour*, que Therage, toujours qualifié *maistre exécuteur de la haulte justice du Roy*, amena successivement en char-

(1) *Recherches sur le procès de condamnation*, p. 37.

(2) Monstrelet.

(3) Ch. de Beaurepaire, *Notes sur la prise du château de Rouen par Ricarville*. (*Précis Acad.*, XVIII, p. 310.)

rette ces condamnés français et anglais dont l'un, natif de Londres, fut *batu par les carrefours de Rouen* et auquel on *rompit l'oreille*, après quoi, tous furent pendus à la justice.

Je puise ces détails dans un mandement du 8 avril 1432, à Guillaume de la Fontaine, lieutenant-général

*Le pilori sur la place du Vieux-Marché à Rouen.*
(Extrait du plan de Belleforest, 1575).

de Jehan Salvaing, de payer à Guieffroy Therage la somme totale de 42 sols pour ces diverses causes (1).

En cette même année 1432, notre bourreau rouennais accomplit la plus sanglante besogne que les Anglais lui aient imposée au cours de sa longue carrière.

Je veux parler de la décapitation des nombreux compagnons du brave Ricarville qui tenta de s'emparer du Vieux-Château et d'arracher ainsi la ville de Rouen à la domination anglaise.

(1) Ms fr. 26055, n° 1783. (Bib. nat.)

On connaît l'acte de courageuse et patriotique audace qui faillit enlever aux envahisseurs leur capitale des pays conquis.

Le maréchal de Boussac, alors à Beauvais avec six cents combattants, avait résolu de s'emparer de Rouen. A cet effet, il avait gagné un homme de la garnison du château, d'autres disent un cordelier, Pierre Audebœuf, dit encore Pierre ou Pierrot de Bieu, qui connaissait les points faibles de défense et devait faciliter l'entreprise.

Ricarville prenant l'initiative de ce coup de main, s'était acheminé la nuit avec une centaine de combattants avec lesquels il avait réussi à s'introduire dans la place, et il avait chassé ou égorgé tous les Anglais qui s'y trouvaient. Le comte d'Arondel, capitaine du château, qui s'était d'abord barricadé dans une chambre forte, n'avait pu se sauver qu'en se faisant descendre dans les fossés avec l'aide des bourgeois qui déclarèrent alors tenir pour le roi de France et d'Angleterre (1).

Mais les Anglais étaient bientôt revenus de leur terreur et s'étaient aperçu qu'ils n'avaient qu'un petit nombre d'adversaires à combattre.

Ricarville, en effet, n'avait pu être secouru par le maréchal de Boussac resté en désaccord avec sa petite armée de pillards indisciplinés. En vain il avait pressé son armée, soit par une démarche personnelle, soit par tout autre moyen (2).

(1) Les *Cronicques de Normendie*, réimprimées par A. Hellot.

(2) Le récit de Monstrelet est en désaccord sur ce point avec celui des *Cronicques de Normendie*, dont l'auteur, un Rouennais, était plus à même que tout autre de constater sur place les événements dont il était le témoin.

Jamais pourtant occasion si favorable ne s'était présentée de porter un coup fatal et peut-être décisif à la domination anglaise.

Ricarville et les siens, ainsi abandonnés, n'avaient pu défendre toute l'enceinte du château et s'étaient retranchés dans la grosse tour ou donjon. Ils s'y défendaient héroïquement depuis dix-sept jours(1) lorsque le comte d'Arondel — sur les ordres du duc de Bedford, très ému et très irrité de cette longue résistance, — commença à démolir par le canon la partie supérieure de cette grosse tour et obligea ainsi les assiégés à se rendre à discrétion.

Le Régent avait ordonné à ses gens que « si tôt que des ennemis ils auraient la maîtrise et domination, de faire incontinent..... sans exception ni espargne d'eux..... telle et si haulte et publique punicion que ce fût exemple à tous autres. »

Ces sévères prescriptions furent exécutées à la lettre.

Ricarville s'étant livré le premier, eut aussitôt la tête tranchée et son cadavre sanglant fut placé au pied du Donjon.

Ses compagnons, qui ignoraient sa triste fin, demandèrent pour eux la composition que leur capitaine avait obtenue, mais à mesure qu'on les descendait de la tour, on leur montrait la tête de l'infortuné chef comme un avertissement du sort qui les attendait.

(1) Le siège dura, en effet, dix-sept jours, d'après une quittance de Jean de Saane à Pierre Surreau, citée par M. Hellot, et qui donne la date précise de la capitulation : 18 mars 1432. (Bib. nat. Titres scellés.)

L'auteur des *Cronicques de Normendie* est encore très précis sur ce point : « Ricarville fut décollé, le corps et la teste furent mis au pié de la tour. Et ainsi que on descendoit les compaignons de la tour (1), on leur monstroit Ricarville. »

Le cruel comte d'Arondel ne prit même pas la peine de demander une seconde fois l'avis du duc de Bedford et il les traita en vulgaires criminels, bien qu'ils fussent en réalité prisonniers de guerre.

Il les fit conduire immédiatement au Vieux-Marché où ils furent livrés à Therage qui leur trancha la tête.

Nous trouvons des renseignements circonstanciés sur cette horrible boucherie dans un *Compte du demaine de la ville et vicomté de Rouen* pour le terme commençant à Saint-Michel 1431 (année 1432), messire Raoult Bouteiller étant bailli dudit Rouen (2). Ce compte énumère les noms des suppliciés qui étaient au nombre de 104 et originaires de tous pays. Parmi eux figurait, bien entendu, le courageux patriote qui leur avait facilité *par échelles* l'entrée du Vieux-Château

(1) On dut les *descendre*, en effet, car ils avaient « rompu neuf marches de degré de la ditte grosse tour pour doubte d'estre poursuivis ». — Comme M. Hellot, j'adopte sans réserves le récit du chroniqueur normand. Monstrelet n'écrivait que d'après des témoignages plus ou moins fidèles ; quel autre qu'un habitant de Rouen aurait pu raconter plus exactement les faits locaux dont il était le témoin et les détails d'une exécution qui lui arrache une protestation émue ? Ricarville a donc été, sans hésitation possible, la victime des Anglais.

(2) Ce compte a été publié par M. Ch. de Beaurepaire et mentionne les noms des 104 suppliciés. (*Précis Acad.*, 1856, p. 307.

et auquel les Anglais infligèrent un supplice spécial. En parcourant cette lugubre liste on peut apprécier les éléments divers dont se composaient alors les compagnies à la solde du roi.

Le compte de 1432 nous fait connaître également en

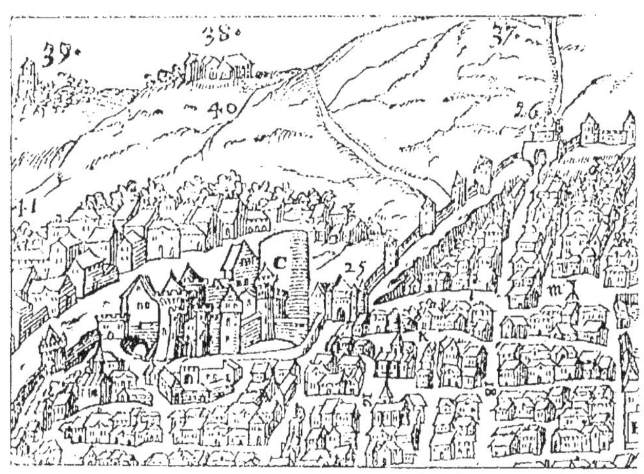

*Le Vieux-Château de Rouen.*
C. Le donjon dont Ricarville s'empara en 1432.
(Extrait du plan de Belleforest, 1575).

ces termes les salaires qui furent alloués au sinistre bourreau rouennais pour cette écœurante besogne :

« A Geuffray Therrage, pour avoir traisné sur une claye au bout d'une charrette Pierre de Biou, eschelleur, depuis les prisons du Roy nostre sire jusques au Vieil-Marché, et audit lieu l'avoir décapitté, escartellé et pendu ses quatre membres aux quatre portes, le corps au gibet, et assis sa teste sur une lance, et aussi avoir semblablement décapitez les personnes dont les noms ensuivent....... traistres, à ce condamnez pour leurs démérittes, et lesquels, par l'entreprise dudit de Bihou, estoient entrez dans le chastel de Rouen, et depuis gaigné sur eux à force d'armes, les parties à lui taxées montant en somme cxj l. xiij s., plus à plain déclarez où mandement de M. le bailly, donné le xxve jour de mars audit an, cy rendu avec quittance dudit bourrel, pour ce à luy par vertu dudit mandement..................... cxj l. xiij s. »

Sans doute l'appât d'un gain aussi important et inusité avait eu raison des scrupules de Therage, à supposer qu'il eût conservé la vive et pénible impression du supplice de la Pucelle.

D'ailleurs n'avait-il pas constamment été l'instrument docile des Anglais chaque fois qu'ils avaient voulu assouvir leur haine contre les plus vaillants patriotes rouennais ?

L'auteur des *Cronicques de Normendie*, qui reflète avec prudence, mais quelquefois aussi avec une réelle émotion, l'opinion de ses compatriotes opprimés, fait suivre le récit de cette tuerie d'une réflexion à la fois brève et douloureuse qui est comme une énergique protestation de sa conscience :

« C'estoit, dit-il, chose piteuse à veoir en si poy de heure mourir tant de si vaillans hommes et par meure deliberation telle effusion de sang ! »

On ne pouvait mieux dire alors pour exprimer les sentiments du peuple rouennais tout entier.

L'atrocité de cette exécution en masse pour laquelle Guieffroy Therage ne refusa pas son concours est bien faite pour déconcerter nos esprits quand nous nous rappelons son attitude après la combustion de la Pucelle.

« En voyant cet homme prêter les mains à une exécution aussi barbare, dit M. Ch. de Beaurepaire (1), j'hésite à penser que ce soit lui qui ait rendu témoignage que Jeanne était morte par la tyrannie et qui ait couru au couvent des frères Prêcheurs en disant qu'il craignait fort d'être damné pour avoir brûlé une sainte femme (Wallon). »

En exprimant ce doute, l'éminent historien-paléographe entendait simplement, à mon avis, tenir comme suspects de partialité ou d'exagération les témoins du procès de réhabilitation trop intéressés dans le débat, plutôt que contester quelque peu l'identité du bourreau de Jeanne d'Arc.

En effet, il relève en même temps que « Therage était en fonctions le 26 mars 1431 et qu'il alluma, sans doute, le bûcher de l'héroïne (2) ».

D'ailleurs, aucun des historiens de Jeanne n'a mis en doute cette assertion, et les raisons de l'admettre en sont multiples et décisives.

Therage, en effet, était le seul exécuteur des hautes œuvres du roi, à Rouen, depuis vingt-cinq années ; le seul ayant qualité pour procéder aux exécutions capi-

(1) *Recherches sur le procès de condamnation de Jeanne d'Arc*, p. 39.

(2) *Ibid.*, p. 38.

tales à la requête du bailli ; le seul mentionné à ce titre et salarié à cet effet. C'est lui que les Anglais chargeaient, depuis 1419, d'assurer leurs représailles aussi bien que l'exécution des arrêts de leur justice criminelle. Il était donc investi de toute leur confiance, et, dans la circonstance, le concours d'un bourreau sûr et expérimenté leur avait été plus nécessaire que jamais à raison des dispositions et mesures inusitées qui avaient été prises pour la combustion solennelle de la Pucelle !

Le doute ne semble donc pas permis, même en l'absence d'un texte ou document décisif et bien que les témoins du procès de Réhabilitation n'aient pas nommément désigné le bourreau.

Les documents nouveaux que je viens de coordonner et d'analyser dans cette étude ne peuvent que corroborer cette opinion et confirmer la véritable certitude morale qu'ont exprimée les historiens de Jeanne d'Arc.

Le hasard qui a permis à M. Ch. de Beaurepaire de retrouver dans le fonds du prieuré de Bonne-Nouvelle la copie du compte de la vicomté de Rouen pour l'année 1432, — avec la mention des réparations nécessitées aux halles du Vieux-Marché « *à l'occasion des establies illec faites pour prescher Jehanne qui se disoit la Pucelle* », — permettra peut-être plus tard à quelque heureux érudit de retrouver en original ou en copie le *Compte de la* même *Vicomté de Rouen pour l'année* 1431, dans lequel on devra trouver, au chapitre de la dépense, les frais et le détail du supplice de la Pucelle ainsi que les salaires payés au bourreau.

J'ai en vain recherché et fait rechercher partout ce précieux document.

Les archives de la Seine-Inférieure ne possèdent pas les comptes de la vicomté de Rouen au xv$^{e}$ siècle. D'un autre côté, les riches archives de la Chambre des

*Sceau de la vicomté de Rouen pendant l'occupation anglaise,*
Aux armes écartelées de France et d'Angleterre.
(Arch. de la Seine-Inf., Archev.)

Comptes de Paris ont été, en partie, consumées dans l'incendie de 1737. Elles ont été aussi dispersées, ce qui explique qu'on peut se procurer, de temps à autre, des documents authentiques de cette époque, comme la quittance de Geoffroy Therage, datée de 1421, que je communique à l'Académie et qui a été le point de départ de cette étude.

Aux Archives nationales on ne trouve que quelques

comptes de cette vicomté ou quittances de l'époque de l'occupation anglaise (1).

Enfin, à la Bibliothèque nationale, mes recherches dans les *Titres scellés de Clairambault* et dans l'importante collection générale des *Quittances et pièces diverses*, si admirablement classée par fiches, — dans laquelle j'ai puisé plusieurs des documents ci-dessus rapportés, — ne m'ont pas permis de rencontrer le compte de 1431, ni la quittance de Therage.

Quoi qu'il en soit, et en l'absence de ce document perdu peut-être pour toujours, il n'en résulte pas moins de l'exposé qui précède que l'identité du bourreau de Jeanne d'Arc ne semble pas discutable, et que Therage fut l'instrument servile des Anglais, aussi bien lors du sombre drame de 1431 que lors des cruelles exécutions de 1432.

Quant à la sincérité des témoins entendus au procès de Réhabilitation, je n'aperçois pas les raisons qui permettraient de les suspecter sur ce point.

(1) Archives nationales, KK 500 (1434-1438). — J'y ai puisé d'intéressants détails sur « les revenus appartenant aux chanoines de Charlemesnil, depuis le tems que le chastel de Charlemesnil fut en la main des adversaires du Roy nostre sire..... lesdits revenus n'ont esté d'aucune valeur durant ledit tems a l'ocasion de la guerre, et ny osoit demourer ne converser aucune personne pour le doubte et crainte des ennemis et adversaires du Roy nostre sire, lesquels en iceluy tems estoient et frequentoient es dits lieux le plus souvent tellement que les heritages..... sont de nulle valeur » (f° 2, verso). — « Mention de messire Jehan Doudeleu, prestre en son vivant, chanoine de Charlemesnil et chapelain de tres reverend pere en Dieu Monseigneur le cardinal de Luxembourg, arcevesque de Rouen et conseiller de France ». *Ibid.*

Certes, plusieurs personnages qui s'étaient compromis dans le procès de condamnation se trouvèrent alors fort embarrassés et durent essayer de dégager leur responsabilité, mais je cherche en vain l'intérêt qu'auraient eu Martin Ladvenu et Isambard de la Pierre à inventer de toutes pièces les démarches et les propos qu'ils attribuent au bourreau disparu au moment des enquêtes de la Réhabilitation.

Therage avait dû, en effet, cesser ses fonctions depuis longtemps.

A partir de 1432 je ne l'ai plus trouvé mentionné comme maître des hautes œuvres du Roi, et je ne puis rien ajouter à ces notes biographiques si sommaires. Se retira-t-il alors écœuré par la dernière et sanglante exécution de 1432 ? Mourut-il à Rouen pendant la dernière période de l'occupation anglaise, ou bien fut-il témoin, en 1449, de l'expulsion des envahisseurs dont il avait constamment servi la politique cruelle ? C'est ce que je ne saurais dire en l'état de mes recherches.

Au surplus, si j'ai pu préciser utilement quelques points nouveaux d'histoire locale, il m'a semblé qu'en outre cette simple étude pourrait présenter quelque intérêt, au point de vue de l'histoire de l'héroïne, par les détails inédits et les aperçus spéciaux qui permettent d'étudier plus complètement et d'apprécier plus exactement le drame célèbre dont le Vieux-Marché de Rouen fut le théâtre le 30 mai 1431.

En résumé, ce qui me paraît surtout devoir retenir l'attention, c'est l'opposition singulière qui existe entre la froide cruauté dont le bourreau de Rouen fit constamment preuve, même à l'égard de ses courageux compatriotes victimes de la vengeance des Anglais, et l'émotion qu'il manifesta si vivement et si exceptionnellement lors du supplice de la Pucelle.

Therage eut alors la notion exacte et angoissante de l'horrible crime que les ennemis de Jeanne lui avaient fait commettre sous les apparences de la légalité.

Les propos qu'il tint dans cette circonstance, ses protestations et ses remords d'un jour, sont la preuve la plus saisissante et la plus manifeste de l'iniquité de la sentence prononcée contre l'infortunée jeune fille.

En effet, l'attendrissement du bon peuple de Rouen, les murmures improbateurs qui s'élevèrent de la foule, les larmes mêmes de certains juges et assesseurs s'expliquent par les supplications et invocations pieuses de l'innocente victime dont l'orthodoxie et la bonne foi se révélaient d'une manière plus éclatante que jamais à cette heure suprême. Mais c'est surtout l'attitude du bourreau, resté jusqu'alors insensible à toute pitié, qui souligne éloquemment l'énergique protestation de la cité.

On peut dire que ses doléances et ses remords furent comme la condamnation sans appel du procès de l'héroïne et qu'ils resteront comme une véritable malédiction lancée contre les auteurs d'un crime sans précédent dans les fastes de l'histoire !



---

www.ingramcontent.com/pod-product-compliance
Ingram Content Group UK Ltd.
Pitfield, Milton Keynes, MK11 3LW, UK
UKHW021602260726
13993UKWH00002B/996

9 782329 092119